Das Ultimative *Pferde* Buch für Kinder

100+ Pferde & Pony Fakten, Fotos, Quiz und Mehr

Jenny Kellett

übersetzt von Philipp Goldmann

Copyright © 2022 by Jenny Kellett
Cover image Photo by Tobi from Pexels

www.bellanovabooks.com

All rights reserved. No part of this book may be reproduced in any form by any electronic or mechanical means including photocopying, recording, or information storage and retrieval without permission in writing from the author.

ISBN: 978-619-7695-10-6
Bellanova Books

INHALT

Pferde Fakten 6

Pferde Quiz 64

Quiz Antworten 69

Wortsuche Puzzle 70

Quellen 72

EINFÜHRUNG

Es ist schwer, Pferde nicht zu lieben! Aber wie viel weißt du wirklich über deinen Lieblingsfreund?

In diesem Buch lernst du über 100 erstaunliche neue Dinge über Pferde und Ponys - vom eleganten Araber bis zum zotteligen Shetland Pony. Und dann hast du die Möglichkeit, dein neu gewonnenes Wissen zu testen!
Du wirst in kürzester Zeit zu einem Pferdeexperten.

Bist du bereit? Dann lass uns beginnen!

Ein Pferd und sein Fohlen.

PFERDE FAKTEN

Pferde können im Liegen oder Stehen schlafen!

. . .

Sie können fast 360° sehen, da sich ihre Augen an der Seite des Kopfes befinden.

. . .

In Bezug auf ihre Köpfe haben Pferde die größten Augen aller Landtiere.

Pferde können schon kurz nach ihrer Geburt rennen.

. . .

Es gibt viele Namen für Pferde! Ein weibliches Pferd ist eine Stute und ein männliches Pferd ein Hengst. Junge Pferde nennt man Fohlen, wobei junge männliche Pferde Hengstfohlen und junge weibliche Pferde Stutfohlen genannt werden.

. . .

Pferde sind Pflanzenfresser (oder Vegetarier), das heißt sie fressen nur Pflanzen.

Ein junger Hengst.

Ein junges Fohlen nimmt eine Auszeit.

Der Mensch zähmte Pferde vor über 5.000 Jahren.

. . .

Ein Pferd hat ungefähr 205 Knochen in seinem Körper. Das ist weniger als in einem menschlichen Körper.

Pferde machen oft einen Gesichtsausdruck, der aussieht, als würden sie lächeln oder lachen. Tatsächlich bewegen sie ihren Mund auf diese Weise, damit sie besser riechen können.

. . .

Es gibt ungefähr 60 Millionen Pferde auf der Welt.

. . .

Obwohl einige Leute denken, dass Pferde farbenblind seien, sind sie es nicht. Sie können jedoch Gelb und Grün besser sehen als Lila und Violett.

Der Zaniskari oder Zanskari ist eine Rasse von kleinen Bergpferden oder Ponies aus dem indischen Distrikt Ladakh. Bild "Zaniskari-Pferd in Ladhak, Jammu und Kashmir.pg" aus Wikimedia Commons von Eatcha, CC-BY 4.0

Pferdehufe bestehen aus dem gleichen Protein (Keratin), aus dem menschliche Haare und Fingernägel bestehen.

. . .

Wenn ein Pferd galoppiert, sind alle vier Hufe vom Boden abgehoben, was bedeutet, dass sie fast schweben!

. . .

Es gibt über 300 verschiedene Pferderassen.

. . .

Die älteste Pferderasse ist der Araber.

Pferde haben ein sehr gutes Gedächtnis. Einige Wissenschaftler sagen sogar, dass es besser ist als von einem Elefanten.

. . .

Es werden ca. 22 Pferderassen speziell in Deutschland gezüchtet.

. . .

Pferde sind berühmt für ihre großen Zähne! Tatsächlich nehmen ihre Zähne mehr Platz in ihren Köpfen ein als ihr Gehirn.

Männliche und weibliche Pferde haben unterschiedlich viele Zähne. Männliche Pferde haben 40 Zähne, Weibliche nur 36.

. . .

Die durchschnittliche Lebensdauer eines Pferdes beträgt etwa 25 Jahre. Im 19. Jahrhundert soll ein Pferd namens "Old Billy" jedoch das hohe Alter von 62 Jahren erreicht haben! Das Pferd "Sugar Puff" wurde 56 Jahre alt und starb 2007.

. . .

Es gibt nur eine wirklich wilde Pferderasse auf der Welt: das Przewalski-Pferd. Der einzige wilde Bestand lebt in der Mongolei.

Ein Shetland Pony.

Pferde sind sehr ausdrucksstark. Sie benutzen ihre Ohren, Augen und Nasenlöcher sowie Mimik (wie Gesichtsausdrücke), um ihre Stimmung zu zeigen.

...

In Gruppen legen sich nie alle Pferde gleichzeitig schlafen. Mindestens eines achtet immer auf mögliche Gefahren.

...

Das Gehirn eines erwachsenen Pferdes wiegt die Hälfte des Gehirns eines Menschen: ungefähr 600 Gramm.

Wilde Pferde im Kosovo. *Credit: Aljabakphoto*

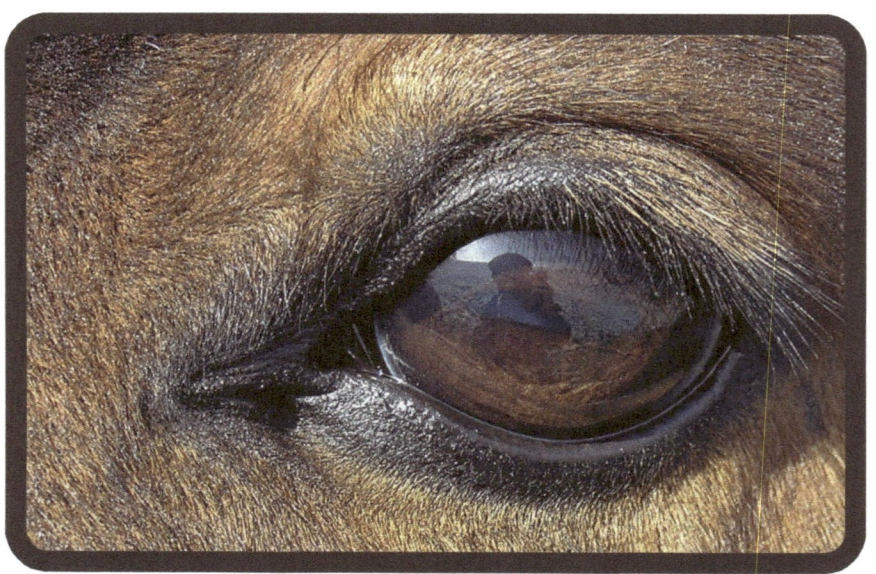

Ein Auge eines andalusischen Pferdes.

Pferde können sich nicht übergeben.

. . .

2003 haben Menschen in Italien ein Pferd geklont.

. . .

Pferde mögen süße Aromen und werden wahrscheinlich alles ablehnen, was zu sauer oder bitter ist.

. . .

Jeden Tag produzieren Pferde etwa 37 Liter Speichel (Spucke).

Ein Pferdeherz wiegt durchschnittlich vier Kilogramm.

. . .

Pferde mit rosa Haut können leichter einen Sonnenbrand bekommen.

. . .

Wenn ein Pferd einen Huf verliert, kann es 9-12 Monate dauern, bis er nachwächst.

. . .

Wichtiger Tipp! Verwende kein rotes Band am Schwanz eines Pferdes, da es das Pferd verwirrt und es austreten kann.

American Quarter Pferd, Brauner. *Credit: Rumo*

Wie findest du heraus, ob deinem Pferd zu kalt ist? Fühle den Hinterkopf und wenn es dort kalt ist, ist deinem Pferd zu kalt.

. . .

Pferde wurden mit Zebras gekreuzt, um eine Zorse zu erzeugen.

. . .

In einer Gruppe von Pferden übernimmt immer das dominante Weibchen die Führung - nicht das Männchen.

Eine Zorse in einem Zoo in Deutschland.

Credit: Fährtenleser

Pferderassen können in drei Kategorien unterteilt werden: Vollblut, Kaltblut und Warmblut. Diese werden basierend auf verschiedenen Merkmalen der Rasse, wie Geschwindigkeit, Ausdauer und Reitfähigkeit, unterschieden.

. . .

Der Vater eines Pferdes wird Vater genannt und die Mutter eines Pferdes Mutter.

. . .

Die Gruppe der Vollblüter ist die schnellste Pferdeart und wird im Rennsport eingesetzt.

Ein braunes Gypsy Cob Pferd. Ein Beispiel für ein Kaltblut.

Isländische Pferde sind zwar klein und sehen aus wie Ponys, jedoch sind sie richtige Pferde.

Kaltblüter sind stark und werden für harte Arbeit in der Landwirtschaft eingesetzt.

. . .

Warmblüter sind eine Kombination aus stark und schnell, was sie ideal für das tägliche Reiten und Wettkämpfe macht.

. . .

Obwohl Ponys technisch gesehen nur kleine Pferde sind, gibt es einige weitere Unterschiede. Sie haben oft dickere Mähnen, Schwänze und Haar. Zusätzlich haben sie normalerweise ein ruhigeres Temperament.

Die Tragzeit eines Pferdes (die Dauer seiner Trächtigkeit) beträgt ca. 340 Tage.

• • •

Pferde haben normalerweise nur ein Fohlen. Zwillinge sind sehr selten.

• • •

Obwohl Pferde im Alter von 18 Monaten schwanger werden können, ist es am häufigsten, dass sie nach dem dritten Lebensjahr brüten dürfen.

• • •

Pferde sind darauf trainiert, zwischen zwei und vier Jahren gesattelt und geritten zu werden.

Pferde sind Huftiere. Das war jedoch nicht immer der Fall. Alte Vorfahren des Pferdes hatten mehrere Zehen.

. . .

Der erste weibliche Jockey war Diane Krump im Jahr 1969. Dennoch werden nur sehr wenige Frauen zu Jockeys.

. . .

Hufe hören nie auf zu wachsen. Deshalb müssen gezähmte Pferde alle fünf bis acht Wochen ihre Hufe schneiden lassen. Aufgrund des Geländes zermürben Wildpferde natürlich ihre Hufe.

Eine Reiterin übt in der Arena.

Sie können das Alter eines Pferdes anhand ihrer Zähne abschätzen. Wie die Hufe wachsen ihre Zähne weiter und werden durchs Fressen abgenutzt. Tierärzte können die Veränderungen in Form und Wachstumsmustern erkennen, um ihr ungefähres Alter zu ermitteln.

. . .

Dank ihrer Ohren, die sie um bis zu 180 Grad drehen können, haben Pferde ein gutes Gehör. Das ermöglicht ihnen fast 360 Grad zu hören, ohne ihren Kopf zu bewegen.

Zwei Pferde essen vom Boden.

Pferde haben einen großen Sinn für Propriozeption. Das ist ein schwieriges Wort! Es bedeutet, dass sie zu jeder Zeit unbewusst wissen, wo sich ihr Körper und ihre Gliedmaßen befinden. Dies ist wichtig, da sie als Beutetiere eingestuft werden. Sie müssen jederzeit achtsam sein, um sich vor Raubtieren zu schützen.

. . .

Pferde können wählerische Esser sein! Durch ihren starken Geschmackssinn wählen sie das Heu und Futter, je anchdme was ihnen am besten schmeckt.

Pferde haben maximal fünf Gangarten: Schritt, Trab, Tempo, Kanter und Galopp. Sie erreichen dabei Geschwindigkeiten von fünf bis 48 km/h.

...

Pferde sind soziale Tiere und bilden Bindungen/Freundschaften mit anderen Pferden sowie mit Menschen.

...

Pferde sind neugierige Wesen und lieben es, Gebiete und Dinge zu erkunden, die sie vorher noch nicht gesehen haben.

Das Tokara Pony ist ursprünglich von den Takara Inseln in Japan. *Credit: TANAKA Juuyoh*

In der frühen modernen amerikanischen Geschichte wurde der Diebstahl eines Pferdes als Kapitalverbrechen (besonders schwere, mit dem Tode zu ahndende Straftat) angesehen.

. . .

Pferde haben seltsame Schlafmuster. Sie genießen keinen schönen langen Schlaf wie wir Menschen. Stattdessen machen sie den ganzen Tag über viele kurze Pausen. Die durchschnittliche Schlafzeit eines Hauspferdes beträgt nur 2,9 Stunden.

. . .

Arabische Pferde haben einen Wirbel (einen Knochen in der Wirbelsäule) weniger als andere Rassen.

Obwohl Pferde im Stehen schlafen können, erreichen sie den REM-Schlaf nur im Liegen. REM-Schlaf (Rapid Eye Movement) ist die tiefste Art des Schlafes, wobei du die meisten Träume hast.

. . .

Pferde werden seit 4.000-3.000 v. Chr. in Kriegen benutzt.

. . .

Pferde werden als Therapieform eingesetzt. Therapeutisches Reiten kann von Menschen mit Behinderung genutzt werden, um ihr Gleichgewicht, ihre Koordination, ihr Selbstvertrauen und ihr Freiheitsgefühl zu verbessern.

Ist das Pferd wirklich weiß?

Jockey zu sein ist ein harter Job! Sie müssen manchmal am Tag 12 verschiedene Pferde reiten, von denen viele sehr unterschiedliche Temperamente haben.

. . .

Viele weiße Pferde sind tatsächlich grau. Sie werden in einer dunkleren Farbe geboren und mit zunehmendem Alter weiß. In solchen Fällen werden sie graue Pferde genannt.

. . .

Shetland Ponys mögen winzig sein, aber sie sind besonders kräftig. Sie gehören zu den stärksten Rassen des kleinen Ponys.

Shetland Ponys gibt es seit dem Ende der letzten Eiszeit.

. . .

Der nächste Verwandte des Pferdes ist das Nashorn.

. . .

Wenn ein Pferd ruht, atmet es etwa vier Atemzüge pro Minute.

. . .

Die schnellste gemessene Geschwindigkeit eines Pferd betrug 88 km/h.

Ein galoppierendes Palomino Pferd.

American Quarter Pferde sind eine beliebte Wahl für Cowboys und Farm Arbeiter.

In Nordamerika gibt es keine einheimischen Pferde. Alle Pferde stammen von europäischen Pferden ab. Es gibt jedoch fossile Beweise dafür, dass Pferde dort vor über 8.000 Jahren heimisch waren.

. . .

Der wissenschaftliche Name für das Pferd ist Equus Ferus caballus.

. . .

Es gibt viele verschiedene Farben von Pferden. Einige der häufigsten sind: Brauner, Rappe, Fuchs, Schimmel und Falbe.

Pferde werden heute noch von Polizisten auf der ganzen Welt eingesetzt. Sie werden oft verwendet, um große Menschenmengen auseinander zu bringen.

• • •

So wie die Lebenserwartung des Menschen gestiegen ist, so hat sich auch die Lebenserwartung von Pferden erhöht. Dies ist den Fortschritten in der Medizin und Tiermedizin zu verdanken.

• • •

In den meisten Wettbewerben dürfen Pferdejockeys nicht die Besitzer des Pferdes sein, auf dem sie reiten.

Ein isländisches Pferd zeigt uns seine Zähne.

Pferden wachsen Schnurrbärte! Wenn du das nächste Mal eine Zigeuner-Vanner-Rasse triffst, schau dir ihre pelzige Oberlippe an.

. . .

Die weltweit zahlenmäßig häufigste Pferderasse ist das American Quarter Horse (auch Quarter Horse).

. . .

Pferde sind im Laufe der Jahrtausende wirklich gewachsen! Es wird angenommen, dass die frühesten Pferde nicht größer als ein Golden Retriever waren.

Wissenschaftler glauben, dass Pferde menschliche Gesichtsausdrücke lesen können.

. . .

Hast du das Buch Black Beauty gelesen? Die Autorin Anna Sewell schrieb das Buch "um Freundlichkeit, Sympathie und eine verständnisvolle Behandlung von Pferden zu fördern".

. . .

Pferde können großes Geschäft sein! Das teuerste Pferd, das jemals gekauft wurde, kostete 70 Millionen Dollar. Fusaichi Pegasus war ein Vollblut-Rennpferd und gewann das Kentucky Derby im Jahr 2.000.

Das seltenste Pferd ist das Sorraia, das aus Portugal stammt. Es gibt weniger als 200 in freier Wildbahn.

. . .

Das kleinste Pferd, das jemals aufgezeichnet wurde, war nur 35 cm groß! Sein Name war Einstein.

. . .

Pferde müssen regelmäßig fressen, da das Futter ihren Magen ziemlich schnell verlässt. Wenn sie zu lange ohne Futter bleiben, fressen die Magensäuren an den Gewebeschichten im Magen.

Ein Bild vom Wettbewerb 2015 HITS Winter Classic in Tucson, AZ. *Credit: Gene Devine*

Pferde sind durstige Tiere! Sie trinken 19-37 Liter Wasser pro Tag.

Ein reinrassiges Rennpferd, das sein Zaumzeug im Schnee trägt. Credit: Sheri Hooley

Im Gegensatz zu vielen anderen Tieren können Pferde kein Albino sein.

. . .

Der höchste Sprung, den ein Pferd jemals gemacht hat, war 1949 in Chile. Huaso sprang 2,47 Meter hoch!

. . .

Obwohl es so aussieht, als würden Pferde alles fressen, gibt es einige gängige Obst- und Gemüsesorten, die du definitiv nicht füttern solltest. Dazu gehören Kaki, Rhabarber, Zwiebeln, Kartoffeln, Tomaten, Avocados und Kohl.

In der Stadt Love Valley in North Carolina, Amerika sind Autos verboten. Stattdessen reisen die Bewohner überall mit dem Pferd.

· · ·

Es gibt viele schöne Filme, die auf Pferden basieren. Einige der beliebtesten sind Dreamer, Sekretariat, Der Pferdeflüsterer, Hidalgo, Gefährten und Im Rennstall ist das Zebra los. Welches ist dein Lieblingsfilm?

· · ·

Es gibt Pferde auf allen Kontinenten der Welt außer der Antarktis.

Wie schlau sind Pferde? Einige Wissenschaftler haben die Intelligenz eines Pferdes auf die eines 3-jährigen Menschen geschätzt.

. . .

Pferde stammen aus der Gattung Equus. In dieser Familie sind auch Esel, Equus asinus; das Bergzebra, Equus Zebra; Flachzebra, Equus quagga; Grévys Zebra, Equus grevyi; das Kiang, Equus Kiang; und der Onager Equus hemionus.

. . .

Cowboys reiten im Allgemeinen auf Pferden der Rasse American Quarter.

Pferde waren nicht so bequem zu reiten, bevor Sattel erfunden wurden! Sie wurden 365 n. Chr. von den Sarmaten erfunden. Seitdem wurden Sattel stetig weiterentwickelt und können aus vielen verschiedenen Materialien hergestellt werden, einschließlich Glasfaser und Kohlefaser.

. . .

Das Zaumzeug kam lange vor dem Sattel. Der früheste Beweis für die Verwendung eines Zaumzeugs war um 1.400 v. Chr. und es bestand aus Seil, Knochen und Holz. Etwa 200 Jahre später wurde Bronze verwendet.

Ein Fohlen in Serbien. *Credit: Valentin Salja*

Was haben diese nervigen Bremsen mit Pferden zu tun? Eigentlich nicht so viel! Sie bevorzugen jedoch große Tiere, wie Kühe und Pferde.

. . .

Stuten stillen ihre Fohlen mehrere Monate lang mit Milch.

. . .

Wenn Fohlen geboren werden, sind ihre Beine fast so lang wie im Erwachsenenalter!

. . .

Pferde können nicht durch den Mund atmen.

Wenn ein Pferd aus mehreren Farben besteht, wird es Schecke genannt.

. . .

Pferde verbrauchen im Liegen mehr Energie als im Stehen.

PFERDEQUIZ

Teste nun dein Wissen in einem Quiz! Die Antworten findest du auf Seite 69.

1. Welche Pferderasse ist auf der Welt am meisten verbreitet?

2. Nenne 3 Obst oder Gemüse, die Pferde nicht essen sollten.

3. Es ist üblich, dass Pferde Zwillinge zur Welt bringen. Richtig oder falsch?

4. Welches Tier kann mit einem Pferd gekreuzt werden, um eine Zorse zu züchten?

5. Warum legen sich nicht alle Pferde, in einer Gruppe, gleichzeitig hin?

Ein blauäugiges Pferd. *Credit: Sheri Hooley*

6. Es gibt nur eine wirklich wilde Pferderasse auf der Welt. Kannst du sie nennen?

7. Bei welcher Gangart muss ein Pferd alle Hufe vom Boden abheben?

8. Wie viele verschiedene Pferderassen gibt es?

9. Wie viele Zähne hat ein Pferd?

10. In welcher Position müssen Pferde schlafen, um Träume zu haben?

11. Pferde fressen Fleisch. Richtig oder falsch?

12. Wie heißt das Protein, aus dem Pferdehufe bestehen?

13. Wie alt war Sugar Puff, als sie 2007 starb?

14. Pferde können nicht rülpsen oder sich übergeben. Richtig oder falsch?

15. Wie viel Speichel produziert ein Pferd pro Tag?

16. Wie lange braucht ein Pferdehuf, um wieder zu wachsen?

17. Welches Farbband solltest du nicht im Schwanz eines Pferdes verwenden, wenn du nicht getreten werden willst?

18. Welcher Pferdetyp eignet sich am besten für das Rennen? Warmblut, Vollblut oder Kaltblut?

19. Wie lange ist die Tragzeit für ein Pferd?

20. Wie viele Zehen hat ein Pferd?

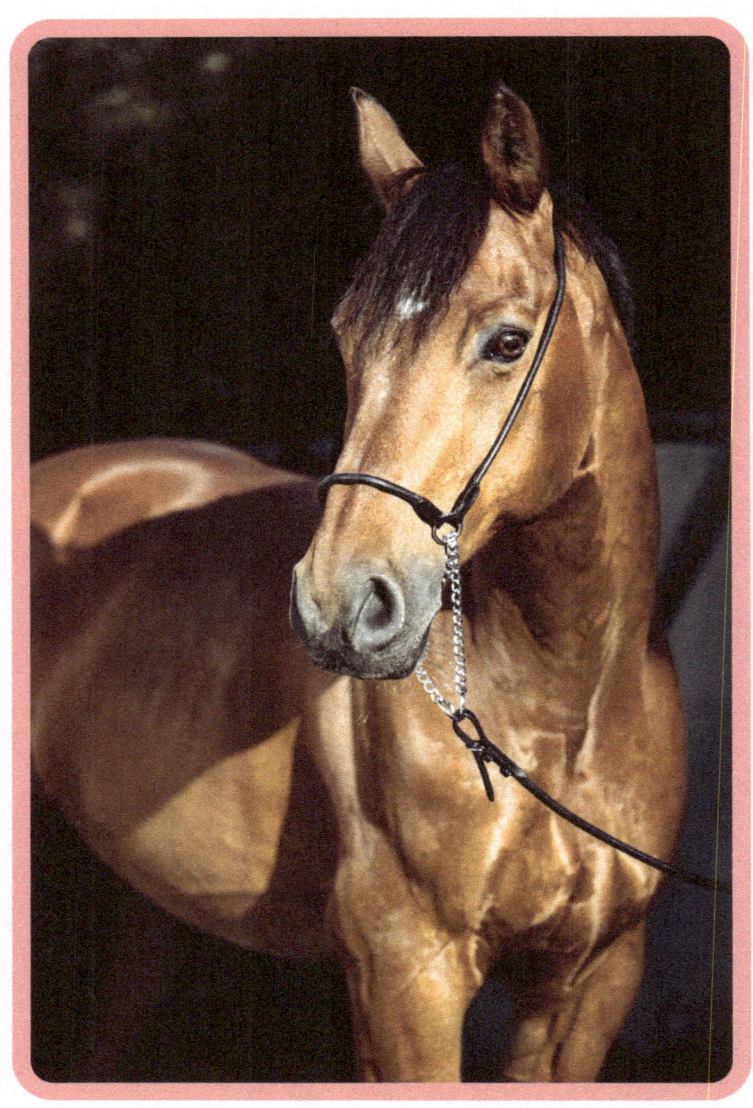

Ein Warmblut. *Credit: Luisa Peter*

Antworten:

1. Das American Quarter Pferd.

2. Kaki, Rhabarber, Zwiebeln, Kartoffeln, Tomaten, Avocados und Kohl

3. Falsch.

4. Zebra.

5. Es muss immer mindestens ein Pferd vorhanden sein, das auf Raubtiere und Gefahren achtet.

6. Das Przewalski-Pferd.

7. Der Galopp, ungefähr 40 bis 48 km / h (25 bis 30 mph).

8. Rund 300.

9. Männliche Pferde haben 40 Zähne, während weibliche normalerweise 36 haben.

10. Liegend.

11. Falsch. Sie sind Pflanzenfresser.

12. Keratin.

13. 56.

14. Wahr.

15. 37 Liter

16. 9-12 Monate.

17. Ein rotes Farbband.

18. Vollblut.

19. 340 Tage.

20. Einen.

PFERDE
WORTSUCHE

F	G	T	H	F	H	C	J	E	U	D	P
F	A	R	F	W	W	E	P	F	E	R	D
P	L	F	E	T	D	F	O	T	P	T	D
G	O	H	U	I	P	T	N	B	T	S	E
F	P	D	I	O	T	R	Y	N	P	T	R
E	P	F	E	R	D	E	S	C	H	U	H
D	W	O	O	G	U	S	N	E	T	T	E
E	Q	H	P	D	P	A	A	H	P	E	D
P	P	L	P	E	P	E	Q	U	U	S	D
D	P	E	O	A	R	A	B	E	R	E	E
F	O	N	I	A	E	P	A	A	Z	D	A
E	O	R	U	T	R	E	A	S	A	E	R

Kannst du alle unten stehenden Wörter im Puzzle links finden?

PFERD	**GALOPP**	**EQUUS**
ARABER	**REITEN**	**PONYS**
STUTE	**FOHLEN**	**PFERDESCHUH**

Quellen

What Fruit & Vegetables Can Horses Eat? Published: 19 January 2020, 02:40 by Sommer Smith. Retrieved 2020-08-29.

"Horses Can Read Our Body Language Even When They Don't Know Us". 2020. Sciencedaily. https://www.sciencedaily.com/release

"Horse Facts And Worksheets For Kids · Kidskonnect". 2017. Kidskonnect. https://kidskonnect.com/animals/horse/# Retrieved 2020-09-01.

"AQHA Annual Report - 2014 Horse Statistics". American Quarter Horse Association. Archived from the original on September 23, 2015. Retrieved August 24, 2015.

Grubb, P. (2005). **"Order Perissodactyla"**. In Wilson, D.E.; Reeder, D.M (eds.). **Mammal Species of the World: A Taxonomic and Geographic Reference** (3rd ed.). Johns Hopkins University Press. pp. 630–631. ISBN 978-0-8018-8221-0. OCLC 62265494.

"Horse Mounted Unit". United States Park Police. National Park Service. Archived from the original on February 18, 2008. Retrieved 2020-09-03.

"See the town where cars aren't allowed, only horses!" www.horsehooves.com. Retrieved 2020-08-28.

"**Do You Know How Horses Sleep?**". 2020. The Spruce Pets. https://www.thesprucepets.com/learn-how-all-horses-sleep-1887328.

"**The Horse – Your Guide To Equine Health Care**". 2020. The Horse. https://thehorse.com/. Retrieved 2020-09-03.

"**Rules of the Australian Stud Book**". Australian Jockey Club Ltd and Victoria Racing Club Ltd. July 2008. p. 9. Retrieved 2020-09-03.

Ensminger, M.E. (1991). **Horses and Tack** (Revised ed.). Boston, MA: Houghton Mifflin Company. pp. 11–12. ISBN 978-0-395-54413-6. OCLC 21561287.

Mau, C.; Poncet, P. A.; Bucher, B.; Stranzinger, G.; Rieder, S. (2004). "**Genetic mapping of dominant white (W), a homozygous lethal condition in the horse (Equus caballus)**". Journal of Animal Breeding and Genetics. 121 (6): 374–383. doi:10.1111/j.1439-0388.2004.00481.x Johnson, Tom. "**Rare Twin Foals Born at Vet Hospital: Twin Birth Occurrences Number One in Ten Thousand**". Communications Services, Oklahoma State University. Oklahoma State University. Archived from the original on 2012-10-12. Retrieved 2020-09-03.

Evans, J. (1990). **The Horse (Second ed.).** New York: Freeman. p. 90. ISBN 978-0-7167-1811-6. OCLC 20132967.

Sellnow, Les (2004). **Happy Trails: Your Complete Guide to Fun and Safe Trail Riding.** Eclipse Press. p. 46. ISBN 978-1-58150-114-8. OCLC 56493380.

Briggs, Karen (2013-12-11). **"Equine Sense of Smell".** The Horse. Retrieved 2020-09-02.

Thomas, Heather Smith. **"True Horse Sense".** Thoroughbred Times. Thoroughbred Times Company. Retrieved 2020-09-03.

Prince, Eleanor F.; Gaydell M. Collier (1974). **Basic Horsemanship: English and Western.** New York: Doubleday. pp. 214–223. ISBN 978-0-385-06587-0. OCLC 873660.

Examples are the Australian Riding Pony and the Connemara, see Edwards, pp. 178–179, 208–209

Pascoe, Elaine. **"How Horses Sleep".** Equisearch.com. Archived from the original on 2007-09-27. Retrieved 2020-09-03.

"Home". The Foundation for the Preservation and Protection of the Przewalski Horse. Archived from the original on 2017-10-10. Retrieved 2020-09-03.

Pallas (1775). **"Equus hemionus"**. Wilson & Reeder's mammal species of the world. Bucknell University. Retrieved September 1, 2010.

"Introduction to Coat Color Genetics". Veterinary Genetics Laboratory. University of California. Retrieved 2020-09-03.

Ensminger, pp. 46–50

Wir hoffen du hast ein paar spannende Fakten über Pferde gelernt!

Folge unserer Autorenseite, um keine der neusten Bucherscheinungen zu verpassen.

AUCH VON JENNY KELLETT

... UND MEHR!

DAS ULTIMATIVE PFERDEBUCH FÜR KINDER

www.ingramcontent.com/pod-product-compliance
Lightning Source LLC
LaVergne TN
LVHW050142080526
838202LV00062B/6557